Un dí[illegible]

Bill Gates

PANAMERICANA
EDITORIAL

Contenido

Conoce a Gabriela y a Alejandro

En la casa de Bill Gates

Bill Gates nació en Estados Unidos en 1955. Al nacer sus padres lo llamaron William Henry Gates III. Es un **filántropo** y el **fundador** de Microsoft.

Los primeros años

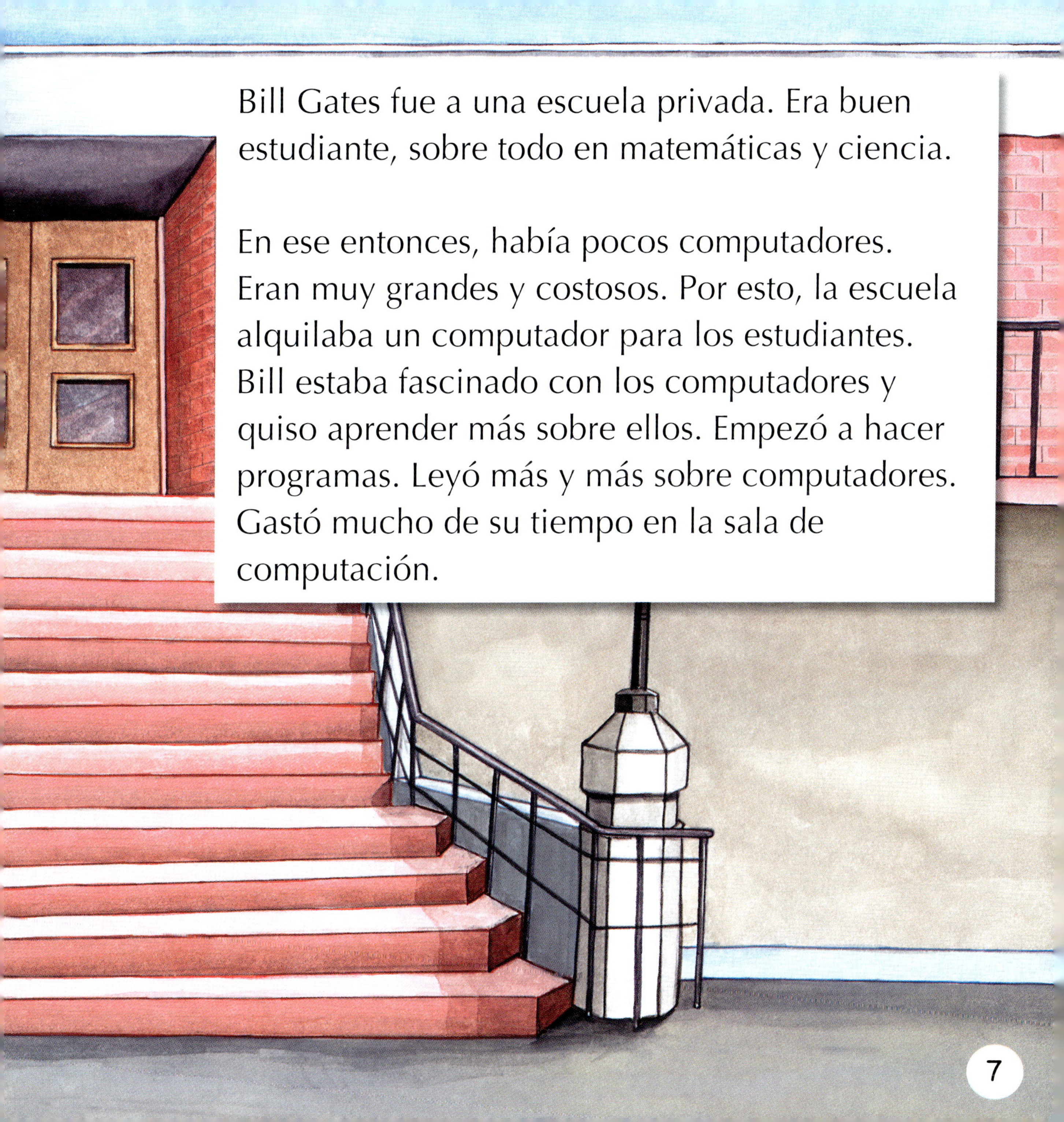

Bill Gates fue a una escuela privada. Era buen estudiante, sobre todo en matemáticas y ciencia.

En ese entonces, había pocos computadores. Eran muy grandes y costosos. Por esto, la escuela alquilaba un computador para los estudiantes. Bill estaba fascinado con los computadores y quiso aprender más sobre ellos. Empezó a hacer programas. Leyó más y más sobre computadores. Gastó mucho de su tiempo en la sala de computación.

La primera compañía

Bill Gates fundó su primera compañía en 1970. Su compañía se llamó Traf-o-data. Su amigo de la escuela, Paul Allen se convirtió en su socio. Juntos hicieron un computador pequeño que ayudaba a medir la fluidez del tráfico, con el cual consiguieron mucho dinero.

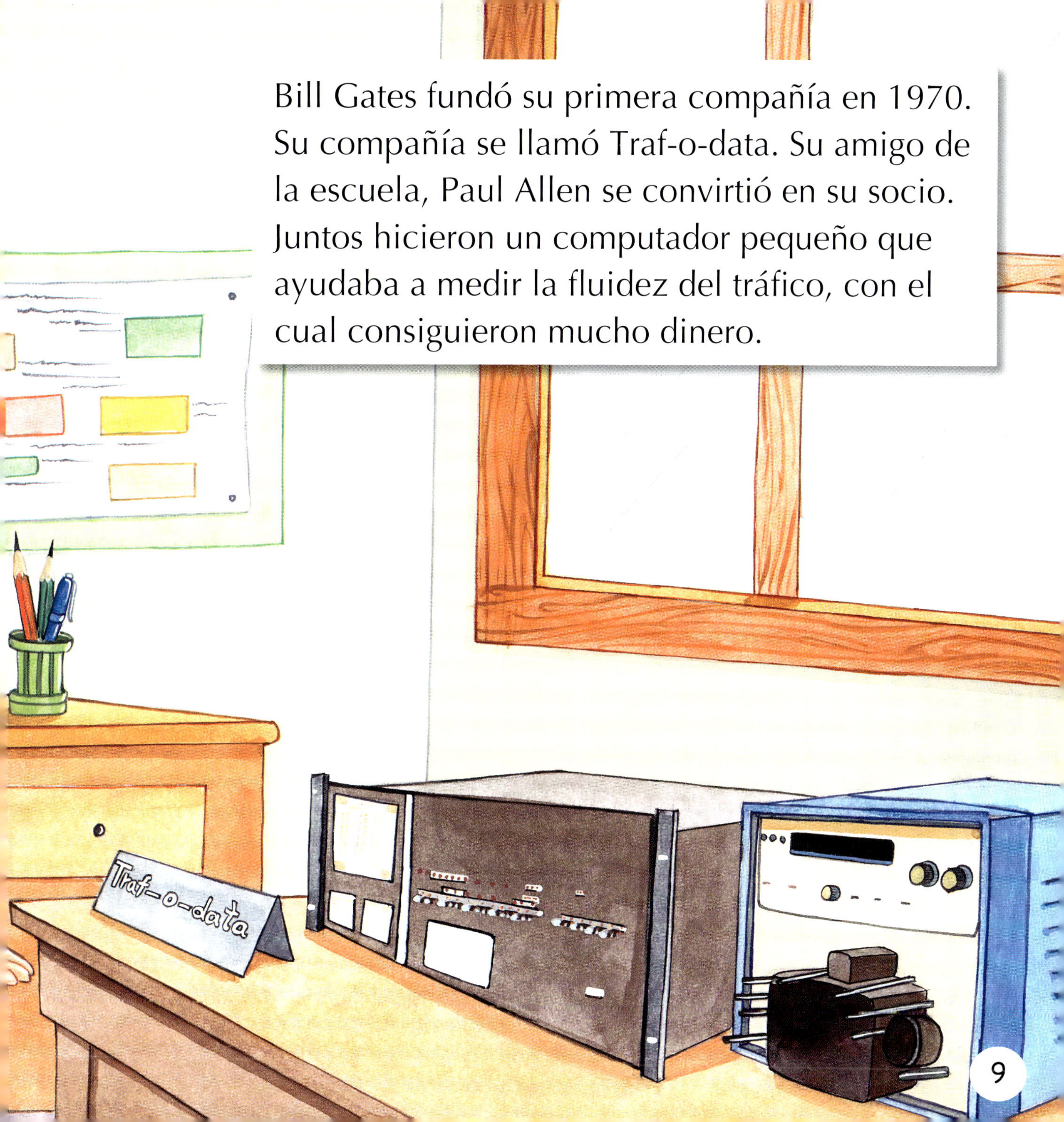

Los primeros triunfos

En 1973 Bill Gates fue a la **Universidad de Harvard**, pero él no tenía mucho interés en los estudios, pues quería abrir una compañía de ***software***. Sabía que los computadores caseros eran el futuro, también sabía que estas máquinas necesitaban un *software*.

Al año siguiente él y Paul Allen hicieron un programa de computador. El programa era para un **computador personal**. Este funcionaba muy bien y el *software* fue un gran éxito. Entonces, decidieron abrir su propia compañía de *software*.

Microsoft
Alejandro, este es mi edificio de oficinas.
¡Es grande!

En 1975 Bill Gates y Paul Allen abrieron su propia compañía, y la llamaron Corporación Microsoft. Es la compañía de *software* más grande del mundo.

Microsoft Windows

Microsoft hizo un nuevo *software*, conocido como Microsoft Windows, y se convirtió en el *software* más exitoso de todos los tiempos. Hizo que Microsoft se convirtiera en la compañía con más ganancias del mundo. Y Bill Gates se convirtió en el hombre más rico del planeta.

El autor

Alejandro, este es el primer libro que escribí.
¡Uau!
BILL GATES
THE ROAD AHEAD

Bill Gates escribió dos libros. El primero fue *The Road Ahead*. Fue publicado en 1995 y se convirtió en ***best seller***.

En 1999 publicó su segundo libro, *Business @ the Speed of Thought* (Los negocios en la era digital). Este fue traducido a 25 idiomas.

Fundación Gates

En 2000 Bill y su esposa Melinda crearon una **fundación**, que se convirtió en la más grande del mundo. Tiene como fin ayudar a personas en Estados Unidos y otros países.

Conclusión

Alejandro y Gabriela, gracias por venir. ¡Disfruté su visita!
¡Gracias por su tiempo!
Aprendimos mucho sobre su vida y su trabajo.

Bill Gates es un **empresario** estadounidense. Él cree en el trabajo duro y adora leer. Bill Gates ha cambiado la forma en que aprendemos y nos entretenemos.

Línea del tiempo

1970
Crea su primera compañía: Traf-o-data

1950 — 1960 — 1970

1955
Nace en Seattle, Washington, el 28 de octubre.

1975
Funda la Corporación Microsoft.

1995
Escribe su primer libro: *The Road Ahead.*

1980 — 1990 — 2000

2000
Crea la Fundación Bill y Melinda Gates.

de Bill Gates

Glosario

best seller Libro del cual se venden muchas copias (p. 17).

computador personal Computador pequeño que puedes usar en la casa o en el colegio (p. 11).

empresario Persona que empieza un nuevo negocio (p. 21).

filántropo Persona caritativa que hace buenas obras para la comunidad (p. 5).

fundación Organización caritativa (p. 19).

fundador Persona que empieza una nueva compañía (p. 5).

software Programa para ejecutar tareas en un computador (p. 11).

Universidad de Harvard Famosa universidad en Estados Unidos. Una universidad es una institución a la cual vas a estudiar cuando terminas el colegio (p. 11).